POÉSIES
EN
PATOIS DU DAUPHINÉ
PAR
BLANC DIT LA GOUTTE

ÉDITION ILLUSTRÉE

COUPI DE LA LETTRA

DESSINS DE M. D. RAHOULT, GRAVURES DE M. E. DARDELET.

GRENOBLE
LIBRAIRIE BARATIER FRÈRES ET DARDELET,
IMPRIMERIE DE E. DARDELET,
Grand'rue, n° 4.

1874

EXPLICATION DES GRAVURES CONTENUES DANS LA COPIE DE LA LETTRE.

Pages.
3 FRONTISPICE, *Blanc la Goutte écrivant à un de ses amis.*
5 *Equipages des mariniers de l'Isère.* — En haut de la page, *les bœufs de remonte.* — En dessous, lettre ornée, *les bateaux.*
6 *Pauvres dans leurs greniers.*
7 *Drôle en galoches.*
8 *Porte d'entrée de la Cour au Palais de Justice*, place Saint-André. *(Voir pages 12 et 110 du Grenoblo malhérou.)*
9 *Château de Sassenage* (XVIIe siècle).
10 *Vue de Noyarey* (ancienne route). — *Marinier sur la tête de ses bœufs.*
11 *Vue de l'Isère en face de Gières* (prise de la tuilerie); dans le fond, le Mont-Saint-Eynard, le Manival, la dent de Crolles et ses contre-forts, Saint-Hilaire, Saint-Pancrace.
12 *Vue de l'ancienne porte de Très-Cloîtres avec les vieux remparts, la Demi-Lune et les Glacis,* démolis en 1835. *(D. Voir pages 43 et 87 du Grenoblo malhérou.)*
14 *Portrait de Mgr de Caulet, évêque de Grenoble* (d'après la gravure de J. Cundier, 1731).
15 *Baraque inondée à Saint-Joseph, sur les glacis* (actuellement place de l'Etoile).
16 *Escalier de la maison n° 5, place Claveyson.* (Cette maison a appartenu à Blanc la Goutte, et c'est là qu'il est mort l'année où il écrivit la *Copie de la Lettre.*)
17 *Maison inondée dans le quartier de Très-Cloîtres*, près de la porte et en face le temple réformé.
18 *Distribution de pain à la porte de la salle des Concerts, sous le passage de l'ancien hôtel de ville.* *(Voir page 47 du Grenoblo malhérou.)*
19 *Enlèvement des boues dans le bois du jardin de ville.*
21 *Adieux de Blanc dit la Goutte.*

POÉSIES
EN
PATOIS DU DAUPHINÉ

PAR

BLANC DIT LA GOUTTE

DESSINS DE M. D. RAHOULT, GRAVURES DE M. E. DARDELET.

PRÉFACE ET GLOSSAIRE

PAR

MICHAL-LADICHÈRE.

GRENOBLE

RAHOULT ET DARDELET, ÉDITEURS.

BARATIER F^res ET DARDELET, LIBRAIRES.

—

MDCCCLXXIV

Propriété réservée.

GRENOBLE, IMPRIMERIE DE E. DARDELET.

PRÉFACE

Le Dauphiné est situé au point de partage des langues d'*oc* et d'*oïl* et des divers dialectes qui se rattachent à ces deux langues.

Le voyageur qui part de Lyon et se dirige vers Marseille, peut facilement en faire la remarque. Il est bien entendu qu'il s'agit non du voyageur que la vapeur emporte rapidement vers la Méditerranée, mais de celui qui se servirait des anciens procédés de locomotion, et qui, à chaque relais, prêterait attention aux paroles échangées en pareille occasion.

A mesure qu'on descend le Rhône, l'idiome vulgaire se transforme, et prend comme le paysage une couleur de plus en plus méridionale. Au point de départ, l'accent du nord, quoique déjà altéré, domine encore; mais après Valence et surtout au delà de Montélimar, c'est l'accent provençal qui règne, et il y a entre les patois du nord de l'*Isère* et ceux du sud de la *Drôme*, une telle différence que le paysan de la Tour-du-Pin et celui de Saint-Paul-trois-Châteaux ne pourraient se comprendre, si chacun d'eux ne parlait que sa langue maternelle.

Cependant, autrefois et notamment au XIIIe siècle, les dialectes du nord de la province de Dauphiné se rapprochaient beaucoup plus qu'aujourd'hui des idiomes du Midi.

Le Testament de Guigues Allemand, seigneur d'Uriage, en est la preuve; il est en langue vulgaire et porte la date de l'année 1285.

Il en était de même pour la Savoie et pour la Bresse : la Bibliothèque de Grenoble possède un manuscrit renfermant diverses œuvres de Marguerite de Duin, fille d'un seigneur de Duin, en Savoie, décédée en 1310, prieure de la Chartreuse de Poleteins, en Bresse. Cette sainte fille a écrit en un patois qui a des rapports intimes avec la langue romane du Midi.

Quand on compare ces monuments de notre vieux langage avec les patois de notre époque, on est forcé de reconnaître l'envahissement des dialectes du Nord et le refoulement de ceux du Midi.

Cette invasion des dialectes du Nord ne s'est faite que lentement, et, si l'on peut s'exprimer ainsi, elle s'est opérée par pénétration ou infiltration. A la longue, le résultat est devenu considérable, et plus nous allons, plus le travail de transformation s'accuse et s'accélère; nous marchons à l'unité de langage par la suppression des patois.

Chaque jour, le français verse dans les idiomes vulgaires des mots qui y restent, quelquefois sans altération, mais le plus souvent avec une modification qui dissimule très-peu leur origine étrangère; d'autrefois, c'est le mot patois qui prend la tournure française.

Nous n'avons pas besoin d'ajouter que les mots nouveaux ont fait oublier les mots anciens. C'est une loi qui n'est pas spéciale aux patois et que le français subit également. La langue de Rabelais ne ressemble guère à celle de Pascal, et le français de nos jours diffère notablement de celui du siècle de Louis XIV.

Dans les villages des montagnes où il existe encore des vieillards qui ne parlent pas français, le patois s'est mieux conservé que dans les villes; il y est moins mélangé d'expressions nouvelles. A Grenoble, il est facile de reconnaître, en lisant les poésies de Blanc la Goutte, que le français y a depuis longtemps fait sentir son influence. C'est une remarque déjà faite en 1809 par M. Champollion-Figeac dans ses *Nouvelles Recherches sur les patois*. Parlant de la *Coupi de la Lettra u sujet de l'inondation*, qui porte la date de 1740, il s'exprime ainsi :

« A deux ou trois mots près, tels que ceux de *cruzieu*, lampe ;
» *lhoupa*, boue ; *brayes*, culottes, tout est français ou latin, et
» tout si conforme à l'esprit et aux tournures de la langue fran-
» çaise, qu'en la traduisant mot pour mot et dans le même ordre,
» on aurait presque cette même lettre en vers français, sans
» que le sens ni la rime fussent défectueux, tant le patois de la
» ville de Grenoble était conforme au français vers le milieu du
» siècle dernier, et, depuis, il s'en est chaque jour rapproché
» davantage. »

L'illustre auteur de la préface du *Grenoblo malhérou* exprime la même idée en quelques mots, et il va même plus loin que M. Champollion-Figeac.

« Quiconque, dit-il, sait le français, peut comprendre le lim-
» pide et gracieux dialecte de Blanc la Goutte. »

Cela est vrai pour ceux qui connaissent en même temps le latin ou l'italien. — Et encore pour les lecteurs privilégiés il y aurait souvent de grandes difficultés ; ils pourraient tomber dans d'étranges méprises, et les exemples ne nous manqueraient pas. Il faut en citer un : M. J. Janin a fait un article charmant sur le *Grenoblo malhérou* dans le feuilleton des *Débats*; l'éminent critique a cru et a dit, lui aussi, que rien n'est plus facile que de traduire les poésies de Blanc la Goutte en vers français, et, traduisant, il écrit ces deux vers :

« Dans le sein de la paix les artisans contents
» Buvaient *quelque piquette* et passaient bien leur temps. »

Le texte patois porte : *quoque picote*. La picote est une mesure de capacité comme le litre ou le canon. Après cela, que la picote renfermât plus souvent de la piquette que de bon vin, c'est probable, mais ce n'est pas une raison pour confondre le contenant avec le contenu.

Si M. J. Janin s'est trompé, qui pourrait se flatter d'échapper à toute erreur de ce genre?

Pour le grand nombre des lecteurs, il est certain que, sans traduction ou sans Glossaire, ils seraient fréquemment arrêtés par des expressions qui sont sans rapport prochain avec les mots correspondants du français.

C'est l'opinion des éditeurs du *Grenoblo malhérou*. Ils ont jugé qu'un Glossaire était indispensable et — non sans hésitation, car l'œuvre est plus difficile qu'on ne pense, — nous avons accepté la mission de le faire. Ce que nous donnons n'est point un Glossaire général des patois du Dauphiné; ce n'est même pas le Glossaire du patois de Grenoble; il est spécial à l'œuvre de Blanc la Goutte. C'est une sorte de *clef* au moyen de laquelle chacun peut trouver l'explication de ce qui lui paraît d'abord obscur.

Pour faciliter autant que possible l'explication du *Grenoblo malhérou* et des pièces à la suite, notre Glossaire s'écarte des usages reçus pour les travaux de ce genre.

Ainsi, quand les diverses formes du verbe se présentent, nous les reproduisons au lieu de donner simplement l'infinitif; nous évitons ainsi des recherches difficiles.

Nous avons cru devoir ajouter à certains mots ou à certains noms un commentaire explicatif ou une indication historique. Cela n'intéressera que très-médiocrement les personnes étrangères à Grenoble, mais il ne faut pas perdre de vue le caractère essentiellement grenoblois de l'œuvre de Blanc la Goutte.

Au surplus, c'est par le côté artistique, c'est par les belles illustrations de MM. Rahoult et Dardelet que cette édition se recommande aux amateurs de tous les pays. A ce point de vue, notre Glossaire et ses notes peuvent être considérés comme un hors d'œuvre, mais du moins leur voisinage ne saurait être nuisible.

Ce n'est pas tout que de comprendre les poésies de Blanc la Goutte, il faudrait encore avoir quelque idée de la prononciation, autrement le vers peut paraître manquer d'accent et de mesure. Pour cela, il nous paraît utile de donner quelques indications sommaires.

Les voyelles a, i, o remplacent souvent l'e muet du français, surtout à la fin des mots.

L'a et l'i prennent l'accent soit dans les substantifs comme dans *charita*, charité, *marci*, merci ; soit dans les verbes comme dans *ama*, aimer, *fini*, finir.

Disons en passant que l'e suivi d'un m ou d'un n se prononce comme l'i : *tem*, temps, *embrasamen*, embrasement, *tentation*, tentation se prononcent donc *tin*, *imbrasamin*, *tintation*.

Il n'y a pas et il ne peut pas y avoir d'orthographe fixe pour notre patois qui compte trop peu de monuments écrits.

Aussi la manière de l'écrire varie beaucoup et peut prêter à des discussions dans lesquelles nous ne voulons pas entrer. Blanc la Goutte lui-même n'écrit pas toujours d'une manière uniforme.

En règle générale, on a cherché à reproduire le mot *parlé*. Il y a des exceptions et nous venons d'en citer une assez notable ; nous pensons qu'elle a pour cause ou l'exemple du français ou le souvenir du latin. On écrit en cette langue *tempus* et *contentus*.

L'infinitif n'admet pas l'r dans les verbes *ama*, *fini* et autres de cette sorte, parce que la prononciation exclut positivement cette lettre.

En français, le pluriel des substantifs se forme ordinairement par l'addition de l's. Il n'en est point ainsi dans le patois de Grenoble : le plus souvent c'est par l'article qui précède le mot qu'on reconnaît s'il est au singulier ou au pluriel.

La médisanci, la médisance.
Le médisanci, les médisances.
Lo chin, le chien.
Lou chin, les chiens.

Le mot n'est pas toujours invariable ; la lettre finale change avec le nombre : *la parola, le parole ; la fena, le fenet*. Hors de Grenoble, on fait peu sentir la dernière syllabe de fenet ; on écrirait *fene*. Mais le patois de cette ville accentue cette syllabe de façon qu'on ne peut la rendre qu'avec cette façon de l'écrire.

Le patois n'a pas toujours horreur de l'hiatus ; cependant il est d'usage de prévenir le choc des voyelles en intercalant une lettre qui sert de transition et qui n'appartient ni à l'un ni à l'autre mot. Le z est la lettre dont l'emploi est le plus fréquent.

Lou-z-home, lou-z-useu, les hommes, les oiseaux.

La lettre t joue le même rôle, mais ce n'est guère qu'après les terminaisons en *a* du verbe *avey* et encore quand il s'agit de la troisième personne.

U l'a-t-envoya, u l'a-t-eita, il a envoyé, il a été.

Quand il s'agit de la deuxième personne, c'est la lettre s ou le z : *t'a-z-un bravo chiva*, tu as un beau cheval.

M. Champollion Figeac, en reproduisant diverses pièces en patois, a modifié leur première orthographe et il s'est, à notre avis, rapproché beaucoup trop de l'orthographe française.

Il met l'accent sur toutes les voyelles longues et nous l'approuvons en cela, car il ne fait qu'indiquer la prononciation ; mais il écrit : *u l'at eita; u l'at envoya*, en sorte que le t euphonique devient partie intégrante du verbe auxiliaire, et il emploie l's ' pour indiquer le pluriel. Il écrit *los homes, los pouros, lous malhéroux*. Dans ce dernier mot l'x final remplace l's.

Cependant, il faut remarquer que dans une autre pièce reproduite également dans les *Nouvelles recherches sur les patois*, M. Champollion adopte une autre manière : s'il écrit *lous hussié*, les huissiers, *lous yeu*, les yeux, il écrit *lou noblo, lou curau, le fanfare*. Il ne met l's qu'à l'article et encore lorsque celui-ci est suivi d'une voyelle.

Dans des éditions anciennes, la lettre intercalaire z est annexée au mot qui la suit ; ainsi on écrit : *le zaffare, lou zhome*, c'est une faute grossière.

Nous arrêtons ici ces observations qui n'auront d'utilité que pour un très-petit nombre de lecteurs. Elles serviront à expliquer les différences qui existent dans la manière d'écrire le même mot, dans la même pièce. A la rigueur on aurait pu adopter une forme unique dans l'édition actuelle.

Cela eût-il été bien ?

Il y a certainement beaucoup à dire *pour*, mais il y a plus à dire *contre*.

En effet, cette unité n'existe que pour les langues perfectionnées et dont les monuments ont arrêté invariablement la forme *écrite*, et même par réaction, la forme *parlée*. Mais pour les patois presque sans littérature, comme le nôtre, il y avait et il y a toujours une très-grande liberté, en raison des variations de langage qui existent non-seulement d'un lieu à un autre, mais encore de quartier à quartier dans une même ville.

On comprend dès lors que le même individu puisse avoir des variantes, soit dans son langage, soit dans ses écrits.

Et Blanc la Goutte se trouvait assurément dans ce cas. Il suffit de voir la première édition du *Grenoblo malhérou*, faite sous ses yeux, pour en être convaincu.

Il nous semble donc que l'*invariabilité* n'existant ni dans le patois de Grenoble, ni dans l'œuvre de Blanc la Goutte, il est mieux de ne l'avoir pas imposée après coup.

MICHAL-LADICHÈRE.

POÉSIES

EN

PATOIS DU DAUPHINÉ

PAR

BLANC DIT LA GOUTTE

COPIE DE LA LETTRE

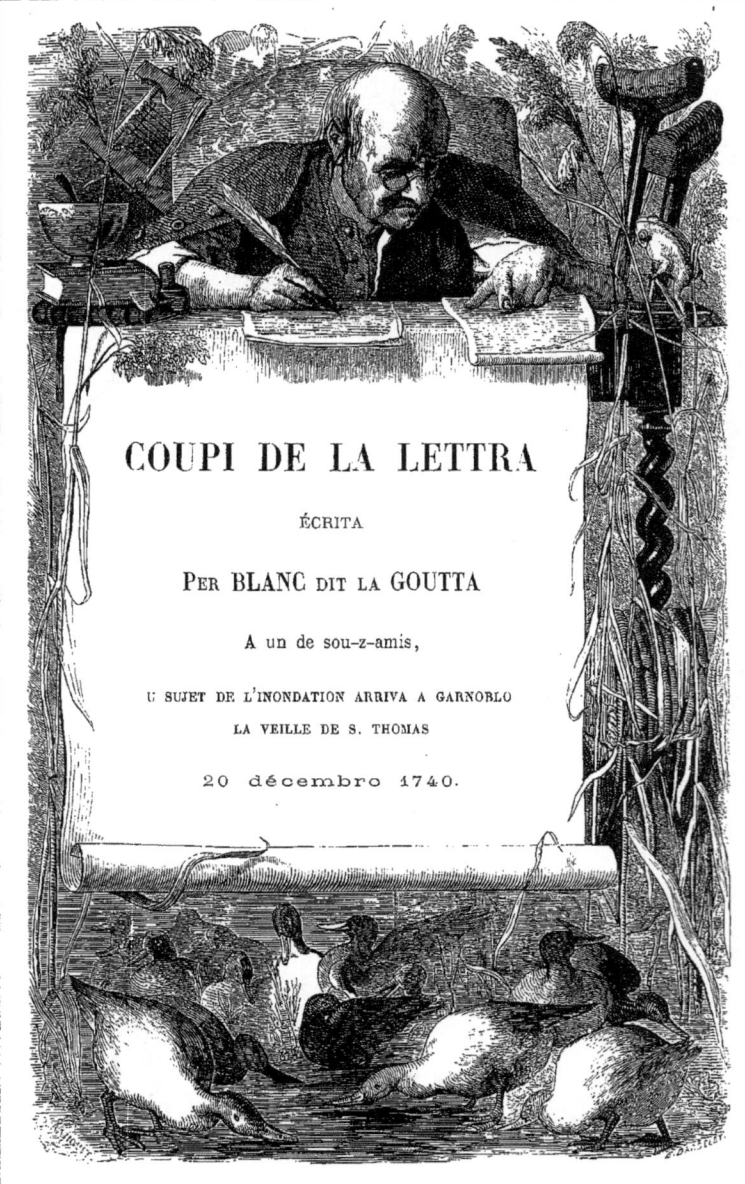

COUPI DE LA LETTRA

ÉCRITA

Per BLANC dit la GOUTTA

A un de sou-z-amis,

U SUJET DE L'INONDATION ARRIVA A GARNOBLO
LA VEILLE DE S. THOMAS

20 décembro 1740.

COUPI DE LA LETTRA

E profito, Monsieur, de cetta ocasion,
Per dire quoquaren de l'inondation,
Qu'a, dit-on, fat merier dedin vôtrou Garnoblo
Lo prêtre, l'artisan, lo bourgeois et lo noblo;
Que je n'appelo plus Garnoblo malhérou

Puis qu'u l'eit devenu per lo pouro un Perou,
Qu'y l'a migea de chair tout son saou cettes fêtes,
Et qu'y l'a-t-oublia le pertes qu'y l'a faites :
Ne faut plaindre eujourd'heu que lou marchands grossiés,
Lou marris tesserants avey lou-z-epiciés :
Lou Pouros, eit ben vray, perdont tous lor manleva ;
Mais qu'eit-o que lor bien ? un tupin, una écuella,

De pailli, una fourchà per couchier sens lincieu ;
La plus granda partia n'a pas né de cruzieu ;
Tout lor habit consiste en quoque serpeleiri,
Que pendolont souvent jusques à la jartéri ;

On vat lou-z-habilié de sarge, de sardis,
Ils saront plus contens que saints de Paradis,
Mais coma tout ceu bien ne vint qu'après l'aygageo,
Me faut donc commencié à parla du damageo :
Je ne marquaray pas ni lo temps, ni lou jours,
Parcequ'icy lo temps recommence toujours ;
Que qu'en seit, eit venu cey un drolo en galoches,

Vêtu d'un grand gilet que n'ayet point de poches,
Que croisave devant à dous rangs de boutons,
Se brayes descendiont jusqu'à sur sou talons,

Je devinis d'abort à ceu bravo equipageo,
Qu'eire-t-un marinier de notron veysinageo :
Il informe en intrant Monsieur notron griffier,
De son nom et surnom, de son ageo et mêtier,

Ensuita, dous soudars lo menont à la porta

De l'endret où l'on tint le gens de cella sorta ;
Coma je voulins vey celeu nouvet venu,
Je fis signo u soudars de qui j'êtins connu.
Ceu drolo en m'aprochant me fit la reveranci,
Se creyant que j'êtins un hômo d'importanci,
Sens façons, l'y dissi-jeo, et point de compliment,
Tout eit semblablo icy, du mêmo regiment,
T'eis tout ce que je seus, nous ne sons que de-z-ombres,
Que deivont habità cettes demores sombres,
Devant que sièze pou te sareis bien instruit
De ce que faudra fare en ton petit reduit.
Ainsi, laissons celey, je veyo à ton corsageo,

Que t'eis quoqu'habitant d'uprès de Sassenageo :

— Vous avez tiria justo, oué Monsieur, eit bien vray

Que je seu Batteley, nàtif de Noyaray;

Je piccavo lou bous de patron la Riveri,

Nous étions remontà quasi lo dreit de Géri,

Mou dous bous perdant terra et fasant un fau pas,
De dessus de lor joug me traissiront à bas,
Et per malheur per mi, l'Izera qu'eire forta,
M'entraînit en Tràcloitra, u dessous de la porta;
J'y demori crocha, j'eus biau crià marci,
Nec-un ne répondit, chacun songeant à si;
Me restave-t-incou quoque faibla espéranci,
De m'en pouvey tirié avec un pou d'aizanci,
Mais, per malheur per mi, lo pont levis chessit,
Et, me poussant à fond, ma têta fracassit;
Veyé la cacarochi, elle eit incoura néri.
Me fallut donc songié à partir per la gloëri

Et je me seu trouva quasi din un moment,

Entoura de soudars din ceteu logiment.
J'entendis en passant u quais, à la Peréri,
U faubour de Tràcloutra et din nòtra charréri :
U secours, u secours, helas! tout eit perdu.
L'ayga a deja gagna lo coin de Maupertu ;
L'on ne pot plus passà vers l'egleysi du Carmes,

De tous flans on ouïet de novelles alarmes,
Chacun fuyet pertout sens se determinà
A sortir de chieu si ço qu'y pouviet sauvà,
Et nec-un ne saviet donnà ni tour, ni voutà,
Per trouvà-z-un andret à se bettre à la souta,
La plus granda partia du pouros boutiquiés
Se sariont tous neyas si dedin lors quartiés,
Celou qu'èront logeas din lou plus hauts étageos,
Ne lou-z-eussiont reçeus avecque lors bagageos.
Mais ne suffisiet pas; tau que pot albergié,
A son hoto ne pot donnà de que migié;
Lou pouros ont toujours de-z-effants en grand nombro,
Comment donc se tirié de ceu nouvel encombro?
J'entendis d'autro flan : consolà-vo, Meynà,
Ne vo manquarà ren; Dieu vou-z-a destinà
De gens qu'auront soin de vou fournir d'avivres;
Lo fio, l'ayga, la ney, la glaci ni lou givres
N'ont jamay bettà boëna à lor grand charità;
Ils provoyont de tout, qué que poësse coutà,
Ils deivont u plutò vou bettà tous à l'ayso,
Et per vou rassurà, faut que je lou nomayso :
Monseigneur de Caulet, Monseigneur de Marcieu;
Ils ont la voix du peuplo, ils ont la voix de Dieu,

On pot lou-z-appela d'homes incomparablos,
En veyant ce qu'y font per tous lou miserablos.
Notro Evêque eit toujours levà de grand matin,
Ço qui mige eit pou d'oura, et ne bet point de vin;

A quinta heura que siet, il vous dône audienci,
Il ecôte chacun avey grand patienci;
Que l'on sièze Monsieur ou ben pouro, eit tout un,
Il se montre pertout qu'u l'eit pâre commun;

U l'eit plus retenu qu'un capucin novicio,
A toutes lé vertus, et n'eut jamay dé vicio;
Il ne prenit jamais de divertissiment,
Lo soin de son troupet fat tout son pessament,
Il n'a pas son parey dedin touta la Francï.
Mais je veyo de loin Marcieu que prend l'avanci,

Veyé-vo comma il vogue avey sou dous batteux,
Ils sont chargeas de pan, d'ayga, de chair, de-z-œus,
Il a deja couru per trés feys le charreires,
Se-z-armônes jamay ne furont le darreires;
L'on n'en eit pas surprey, cet hôme eit coutumié

A la guerre et per tout d'étre toujours promié.
Monseigneur de Barral fat coulà de se pôches
Una mina d'argent per toutes le perroches,
Il commencit d'abort per cinq cent biaux écus.
Touta sa familli s'eit bettà presque à flus.
De la Garda surtout, que de-z-aygues si grandes
Ne pûront amortà l'ardeur de se-z-offrandes,
On lo veyet gaffà dedin plusieurs quartiés,

Per allà visità lou gueux din lou greniés.

Monsieur de Montcarrà, Monsieur Rochechinard,
A tout ce qu'eit de bien, souvent sont per un quart ;
Per portà lor armôna en raset s'embarquiront,
D'on devant que finir lor coursa, y cupeliront,

Ne s'en fallit de ren qu'y ne fussiont neyas,
Car de la têta u pieds, y furont bien bagnas.
Monseigneur de Caulet revint dessus la scêna,
Per tous lou malhéroux veicia novella aubêna,
Il-sat assaisonnà sou dons de compliment,
Semble qu'on l'y fat graci acceptant son argent.

Monseigneur de Piolenc voulut vey per leu mêmo
Ce que sereit passà din ceu grand stratagémo ;
La veilli du délieugeo, il aviet eu lo soin
De farre arré de tout ce que fassiet besoin ;
Monsieur de Jomarron et touta l'Intendanci
Se pourtiront à tout avey grand diligenci ;
Lou coussios vigilans firont tant cela not,

Qu'on eut lo lendeman per dix jours de pan cot ;

Et per proportion on aura-t-eu de soures,
De lors provisions en toute sorte d'oures.
Ne faut pas eissiblà Monsieur nôtron Major,
Din tous lou-z-accidens, du mondo il vaut tout l'or;
Et tous, per évità quoque novella perta,
Notrou-z-angenieurs êtiont toujours à lerta.
Messieurs du bataillon et de l'artillari

Se bettavont per tout din la patrouillari.

On ne pot trop ventà toutes le gens de guerra,
Ils allavont din l'ayga ainsi que sur la terra,
Et sens le prompt secours de touta la troupa,

On aurit barbotà treys meys din la louppa.
Nous fallit separà : lou soudards que menavont
Lo joëno Batteley trop s'impatientavont ;
Enfin, per coupà court, ceu garçon m'a-t-aprey,
Que vou-z-avias moins d'aiga en sept cent trenta-trey,
Et que de grosses gens, mais surtout lors femelles,
Devant que fusse jour sortiront de chieu-z-elles ;
Vous jugiés bien, Monsieur, qu'u ne m'a pas tout dit.
Si donque j'ai fat fauta en ceu petit récit,
Ou sautà quoquaren, faut qu'on m'u pardonneyse,

Mon dessin n'étant pas d'offensà qui que sieize.
Adieu sias ; faites dire una bonna oraison
Per Blanc dit la Goutta, de placi Claveyson.

www.ingramcontent.com/pod-product-compliance
Lightning Source LLC
Chambersburg PA
CBHW060724050426
42451CB00010B/1607